AGUA DE NORIA

Sonetos

Pablo Rodríguez Canfranc

COLECCIÓN ITES

olé libros

AGUA DE NORIA. SONETOS

© Pablo Rodríguez Canfranc
© de esta edición: Olé Libros, 2024

ISBN: 978-84-10053-79-3
Depósito legal: V-3873-2024
Impreso en España

KALOSINI, S. L.
Grupo editorial olélibros
equipo@olelibros.com
www.olelibros.com

A Marimar, Blanca y Carmen.

A poem is a mirror walking down a strange street.
LAWRENCE FERLINGHETTI

If you become degraded, criminal, ill,
then I become so for your sake.
WALT WHITMAN

Defensa del soneto

Fonollosa, el de la estrofa mordiente,
despreciaba con saña los sonetos:
de «ataúd de cuartetos y tercetos»
tachó a este metro con pluma hiriente.

Pero yo, amigo del tiempo pasado,
adoro su sobriedad herreriana,
su rigidez formal y su galbana,
gestos garantes del verbo pausado.

Endecasílabo, firme cadencia,
ecos consonantes, verso asentado:
una obra de precisión y prudencia.

El soneto, de noche recitado,
llama al fuego que crepita en invierno
y a la viola en su cantar angustiado.

Ecos en lontananza

Canciones que fueron banda sonora
de viejos momentos y situaciones,
pasadas melodías y pasiones
que ya solo la memoria atesora.

Acordes eran de eternos veranos
o suave caricia en días lluviosos
cuando el presente eran bosques frondosos
y el porvenir solo cirros lejanos.

¿Dónde acabarán todos esos sones,
de la nostalgia sabrosos nutrientes,
cuando se agotan las horas de vida?

Quizá quedan flotando en los rincones
de la historia, como ecos recurrentes,
rescoldos de una mirada extinguida.

Hojas arrancadas del almanaque

Versos ausentes, letras sustraídas
como por obra de la arcana alquimia,
hojas arrancadas, belleza nimia:
las ruinas de pasiones decaídas.

Vidrio quebrado, ventana atrancada
ciegos estigmas del corazón roto,
flores secas, tono sepia en la foto
restos muertos de una vida pasada.

Miles de versos, miles de poemas
navegando en el limbo del olvido
como veleros en mares sin viento.

Ecos de voces, arcaicos fonemas,
banda sonora del tiempo perdido,
recorren la noche en busca de aliento.

LOS RELOJES PARADOS EN LA NIEBLA

Horas, minutos, segundos pasando,
sobre el recuerdo jirones de niebla
que el aliento de la ficción amuebla
con amor y pasión de contrabando.

Suspiros, susurros, silencios vagan
sombríos pasillos y galerías
bajo una luz mortecina de bujías
cuyos brillos los ensueños sufragan.

Todos los relojes ya se han parado,
litocronismo, el tiempo se hizo piedra,
las agujas en ramas transformado.

La vida abraza la roca como hiedra,
a una ilusión se aferra con fatiga,
en inútil impulso que no medra.

TOWN WITH NO CHEER

Palabras que inundan el cielo urbano,
los sollozos mecidos por la brisa
parecen flotar en calma, sin prisa,
susurrando al viento en idioma arcano.

A vista de pájaro, desde lo alto
de rascacielos y finas antenas,
se ven nítidas las humanas penas
como pompas saliendo del asfalto.

La ciudad le canta con voz quebrada
al viento del sur su melancolía.
Las legiones de hijos de la alborada

desayunan tristeza un nuevo día
y bandadas de rapaces de sueños
sobrevuelan ya la mañana fría.

Melancolía románica

Sábado ya tarde, llueve sin tregua,
el otoño rubrica su llegada
en la villa medieval apagada
que va a la noche sobre oscura yegua.

Por las callejas, como ánima en pena,
los pasos pierdo en la piedra mojada
errando sin destino ni posada,
sintiendo ya el frío latiéndome en vena.

En octubre de nuevo, sin sentir;
el almanaque, como hábil trilero,
con nana estival nos hizo dormir

sin anunciar el despertar postrero
en la gris melancolía románica
del sillar empapado y el brasero.

ERRANTES

Tejidos entre las olas del mar,
entretejidos en noche de brea
lejos de la hora en que el cielo clarea
lejos de puerto, hastiado navegar.

Vimos al morador del laberinto,
perseguimos a serpientes marinas,
preguntamos el rumbo a las ondinas,
por senderos del océano tinto.

Años huérfanos de estrellas serenas
vacíos de rosadas alboradas,
amarrados al mástil con cadenas

bebiendo las quimeras desgastadas
que heredamos de tiempos más felices
cuando las almas lucían doradas.

SILENT SCREEN

Como en películas mudas antiguas
parecemos movernos por el mundo
a dieciséis fotogramas-segundo
acelerados entre horas exiguas.

¿Dónde quedó la placidez del día
que extendía como balsa de aceite
su ajuar de minutos para el deleite
cambiando «ya es tarde» por «todavía»?

Sin duda vivimos el espejismo
de que el ritmo loco y desenfrenado
aleja nuestras mentes del abismo,

pero solamente el vivir pausado
devolverá nuestro rostro al espejo
secando en la frente el sudor helado.

No obstante, amanece

Luz enigmática, preludio opaco
de un falso amanecer; cielo cubierto
como una bóveda de metal yerto
que al paisaje encierra en fondo de saco.

Pasos de lluvia asfaltan las aceras
y los charcos un reflejo embarrado
emiten cual sepia film del pasado;
los bancos naufragan como pateras.

Ruge bermejo un hachazo solar
abriendo brecha en las capas nubosas
y rápida hemorragia se desboca

en ola naranja que echa a volar:
manda al exilio a las horas brumosas
pintando en color aquello que toca.

VIOLA DA GAMBA

El ronco gemir de la viola herida
parece aserrar el tupido frío,
nocturno abrazo con gélido brío,
y sollozar por la pasión vencida.

La hoguera con su crepitar discreto
ofrece tibio consuelo al cantar
que desgarrado pretende invocar
en las sombras un recuerdo obsoleto.

La *viola da gamba* en la noche vela
penando por la luz de antiguos días
en tanto que agoniza la candela

y el alba desatranca celosías.
Tras la última nota, el arco se aparta
callando las cuerdas sus letanías.

Oficio de tinieblas

El brillo tembloroso de los cirios
empuja a las sombras a los rincones;
afuera la tarde se hace jirones
y en el silente altar oran los lirios.

Ajenas al día de abril que muere,
entre las bancadas de la capilla
arropadas con oscura toquilla,
figuras entonan el miserere.

A medida que los cirios se apagan,
uno a uno en estudiado ritual,
las tinieblas los colores se tragan

y el frío trepa la espina dorsal.
«Jerusalén, a tu Señor conviértete»,
canto de dolor, lamento final.

OLOR A TIERRA MOJADA

Los años pasaron sin darnos cuenta:
el tiempo por delante se agolpaba
y el ayer a duras penas contaba
cuando la vida fluía tan lenta.

No obstante, ahora el giro de los días
se acelera y vuela, precipitando
el desfile de minutos sin mando
hacia horizontes de nubes sombrías.

El espejo devuelve el rostro ajado
del hombre que entre la piel cuarteada
busca sin éxito al joven pasado,

al niño que jugaba en la dorada
mañana, cuando el mundo despertaba
y la vida olía a hierba mojada.

El poeta y el mar

Trazaba versos acaracolados
tal como la cresta agreste de la ola
cuando con violencia la costa asola
entre roncos cantos atormentados.

Esparcía palabras por la arena,
recreaba la lengua de marea
que el borde de la playa chupetea
buscando en la espuma ojos de sirena.

Se perdió en el camino plateado
de la estela de fuego cenital
siguiendo las huellas del astro dorado.

Despertó en una playa de cristal
arrullado por mirada de nácar
y saboreando un beso de sal.

Los tambores de la pasión

Retumban secos los sobrios tambores
en el silente aire de un marzo helado
y por la calleja fluye el morado
cortejo de los pasos de dolores.

Sobre la tarde que expira calmada
aletea la sombra de la cruz
del paso de Pasión a contraluz
de la raya de cielo anaranjada.

Golpe metálico en el empedrado
y los músculos de los costaleros
parecen gemir en grito callado

al volver a izar su carga en certeros
y ordenados movimientos. La noche
se derrama por tejados y aleros.

Somos

Somos islas en el delta del río,
sin puentes, pontones ni pasarelas
que nos unan; en vidas paralelas
sufriendo desgaste de aguas sin brío.

Somos las frases rotas que confunde
el hechizo de las sombras nocturnas,
suspiros encerrados dentro de urnas
que la luz obscena disuelve y funde.

Somos Teseo en el dédalo oscuro
y también somos el toro perdido
por los corredores de un tiempo impuro.

Somos demonio y un ángel caído.
Somos el disfraz, somos la metáfora.
Somos soñados por un dios dormido.

TEMPUS FUGIT

Volver a despertar en primavera
timados por el veloz calendario
que exhibe de los días el rosario
con seductora pose de ramera.

Cuando todavía lo que será
está lejos, en breve ya habrá sido;
sintiendo breve el momento vivido
la obra acaba y el telón caerá.

Volver a despertar en primavera
preguntándonos si todo el pasado
ha sido verdad, si no ha sido mera

ilusión de un cerebro ya cansado
que como un retablo de marionetas
escenifica un cuento imaginado.

Poetas malditos

Pasábamos los días recreando
los mundos literarios que guardaban
las hojas de los libros. Desfilaban
las horas juveniles tan jugando:

Argüelles era el París de *Rayuela*
y buscábamos a la Maga en bares
de Fernández de los Ríos, lugares
refugio de nuestras noches en vela.

Éramos unos poetas malditos
los malditos poetas que soñaban
despiertos, conjurando aquellos ritos

bohemios que de la ficción brotaban,
fingiendo el destello desesperado
de las vidas que las letras contaban.

CORTO MALTÉS

Yo quería ser el Corto Maltés
para recorrer el mundo revuelto
con valentía y ánimo resuelto,
caminos de viento guiando mis pies.

Yo quería con piratas vivir
en los mares del sur y en artillados
trenes cruzar Manchuria entre soldados
y aventureros sin miedo a morir.

Yo quería perderme por secretos
patios venecianos y bajo tres
lunas buscar oro por los vericuetos

de Samarkanda, airoso cual marqués.
Yo quería huir de este vivir absurdo.
Yo quería ser el Corto Maltés.

Cielo de invierno

Orión preside la noche que nace,
brillando esparcido en la cúpula hueca
mientras vierte por la campiña seca
vidrio molido que el día deshace.

Con inclinada postura invernal
apunta con su cinturón de estrellas
arriba, hacia el toro recio y sus bellas
Hiades mirando en plano cenital.

El frío de enero inunda las venas
y clava haces de agujas de negro hielo
en los miembros, rígidos cual cadenas.

Ausentes, los astros detrás de un velo
de tristeza parecen contemplar
las miserias humanas desde el cielo.

La conciencia que despierta

Y cuando, por vez primera, devuelve
el espejo tu perpleja mirada,
cuando miras tu imagen destacada
sobre un fondo que la sombra disuelve,

comprendes que tu alma ha sido arrancada
del retablo de la naturaleza
y ahora se alza sobre la maleza,
del mundo circundante erradicada.

La conciencia despierta y te separa
de las bestias sin razón y las plantas
con las que antes eras uno. La rara

sensación cuando por fin te levantas
de ser como un cuerpo extraño en el cosmos
es la carga que como humano aguantas.

ENCIERRO

Vida de encierro, días de tristeza,
el invierno herido entró cojeando
y su ceniciento manto arrastrando
por los suelos con lánguida torpeza.

Vemos pasando desde la ventana
las horas muertas de las tardes breves,
a veces, silentes entre las nieves,
otras, ocultas por niebla temprana.

Penando, abrimos otro año perdido,
un año más sin sonrisas ni abrazos,
condenados a un vivir escondido.

Soñando, en larga y patética espera,
creemos ver brillar la luz radiante
que traiga consigo la primavera.

Renacimiento

Resurgir de las oscuras cavernas
de los infiernos del alma profunda,
avivar la mirada moribunda
y erigirse sobre maltrechas piernas.

Sentir cómo las venas recuperan
de nuevo su proceloso caudal
pintando de colorido vital
el semblante ocre que las penas dieran.

Y volver a disfrutar del olor
al alba fresca del marzo que acaba,
devolviendo así su justo valor

a todo el sentir que antes se extraviaba,
que ahora corre a abrirle a la vida
llamando altiva con sonora aldaba.

Canícula

Un camino que se pierde lejano
por los bordes de una tarde estival;
trigales bajo un cielo de cristal
se mecen al son del viento liviano;

allá en lo alto, con vuelo contenido
un alimoche rubrica el ocaso,
y el río fluye con medido paso,
destellando como espejo pulido.

Postal de la meseta castellana
repetida cada año cual ritual,
espejismo de calor y galbana

que mostrando ardiente estampa rural
parece condenar al calendario
a estancarse en una estación total.

LUZ DE AGOSTO

Luz de agosto, cielo azul encendido,
salpicado de las nubes albinas
que pasan bajas sobre las colinas
plasmando su sombra en lento barrido.

Todas las mañanas de los veranos
que fueron y que serán son la misma,
una estampa bajo distinto prisma,
mostrando otras a los ojos humanos.

Pero el tiempo no es río sino balsa:
una linterna mágica girando
que genera una dinámica falsa.

Y pasamos la vida recordando
aquellos días de agosto de ayer
sin comprender que se van perpetuando.

SÓCRATES

El anciano con rostro de sileno
buscaba dentro de sí la verdad,
como una quimera que en soledad
tiene que perseguir el hombre bueno.

Vivió feliz, sin tener que envidiar
del gran Pericles la gloria en vida,
ni de Agatón la ovación encendida,
ni el triunfo del ateniense en la mar.

Al final fue juzgado y condenado
—si bien él a la muerte no temía—
a beber el cáliz envenenado;

sus últimas horas en compañía
de amigos disfrutó, cuenta Fedón,
conversando sobre filosofía.

Zarzas y espinos

A veces busco en pecios sumergidos
en las entrañas del profundo mar
y otras en cambio me da por vagar
por las ruinas de los reinos perdidos.

En ocasiones persigo el sentido
escondido de las noches sin luna
en la dentada muralla moruna
de una alcazaba en su pétreo olvidó.

Y también escruto con vehemencia
el hipnótico ojo de los felinos
cayendo en las simas de la demencia.

Escapo al monte, evito los caminos,
me inmolo en la pira alta de la duda
y vivo abrazado a zarzas y espinos.

LEPANTO

A bordo de la galera *Marquesa*,
el mayor día que los siglos vieron
en que cristianos al turco vencieron,
la cubierta un joven raudo atraviesa.

Con el rostro demacrado y febril,
acarrea en arcabuz con torpeza,
se ajusta el morrión en la cabeza,
y trata de mostrar porte viril.

A pesar de los males que le aquejan,
se presenta al capitán Diego de Urbina
y pide la licencia, si le dejan,

para luchar la batalla marina
en un lugar expuesto y peligroso,
contaba la leyenda cervantina.

CALLE MOJADA

Ya llega con su aliento curativo
el ansiado otoño de dulce paso
recortando con tijera de ocaso
la melena de horas del día estivo.

Ya retorna al cielo el ceño nuboso
que parece que cuestiona severo
con un mirar recogido y austero
los excesos del agosto glorioso.

Ya la suave caricia de la brisa
hidrata otra vez el alma quemada
y devuelve el tono ocre a su divisa

mientras desciende la tarde apagada
plena de cálida melancolía
que va cubriendo la calle mojada.

Vida suburbial

Pasos lentos por el otoño urbano,
deriva lánguida por avenidas
que reniegan de las huellas perdidas
producidas por el tránsito humano.

Ciudad que fiera enseña los colmillos
entre eructos de tráfico ruidoso
cuyo caudal infectó y proceloso
inunda de la acera los bordillos.

El pobre humano resultó exiliado
de la calle que para él fue creada
y ahora se esconde triste y asustado

en la mediocridad organizada,
plagada de rotondas y piscinas,
de una existencia suburbial y aislada.

Brillo ilusorio

El retorno a los lugares de la infancia
es un falso viaje por el espacio,
es querer volver a vivir despacio
poniendo ante el presente la distancia.

Pero el destino real no está en el mapa
sino en los días del tiempo pasado
que guardan el corazón enterrado
en momentos que la niebla solapa.

Por eso la vuelta a esos lugares
que ya no existen más que en la memoria
conduce a distintos y extraños lares

de una semejanza satisfactoria
con aquellos que antaño conocimos
pero que brillan con luz ilusoria.

ESA OTRA GRAN VÍA

Desde los tejados de la Gran Vía
se aparece la urbe que no pintó
Antonio López: él solo plasmó
la clara luz de una ciudad vacía.

Esa avenida que soñó el pincel
expone un decorado embalsamado
en fotograma de óleo encerrado
como prisionero de un trazo fiel.

Pero todas esas calles desiertas
que el artista creyó ver un verano
se presentan extrañas, como inciertas,

porque no muestran el latido humano
que fluye por las venas del asfalto
llenando de vida el paisaje urbano.

Sortilegio

Tú eres el muro y yo soy la verde hiedra
abrazada tan firme a tus sillares
que reniega de los dioses y altares
solo por sentir tu beso de piedra.

Tú eres el pinar tupido y frondoso
y yo los susurros que lleva el viento
al mecer las copas con suave aliento
creando ilusión de oleaje armonioso.

Tú vistes de radiante primavera
y yo del otoño ocre y silencioso
portando andrajos de niebla y hoguera.

Tu nombre es sortilegio misterioso
al que me aferro como un talismán
cuando el futuro se torna brumoso.

Nostalgia medieval

He encontrado de nuevo a los juglares
recorriendo felices los caminos
mientras salpican con salmos divinos
y versos amorosos sus cantares.

Vuelvo a contemplar la fresca mañana
que se quedó para siempre enredada
entre la métrica romanceada
de la joven lírica castellana.

Y sueño los parajes improbables
que pisó la andante caballería,
escenarios de hazañas imborrables

ejemplo de sacrificio y valía.
La nostalgia medieval impostada
que consuela en la noche oscura y fría.

AGUA DE NORIA

Suenan campanas al amanecer
de un convento inmerso en pétreo sueño
como aves libres de tiempo y de dueño
volando a la luz que vuelve a nacer.

Siglo tras siglo los mismos sonidos
niegan la farsa del tiempo que pasa
relatando con la voz que acompasa
las horas, meses y años repetidos.

Pasan las vidas, pasan las personas,
cambian las épocas, cambia el sentido,
pero las campanas ríen burlonas

puesto que lo que es y será ya ha sido:
el fluir del presente es agua de noria
que presenta en bucle lo ya vivido.

Funambulismo

Cuando el día a día de ha convertido
en atravesar una cuerda floja
ignorando lo que el futuro aloja
y con el cuerpo de frío aterido,

vivir no es otra cosa que esos pasos
pausados, inseguros y medidos
que nos llevan con arrestos fingidos
a avanzar cada vez metros escasos.

Y siempre llevando asido a la mente
el temor al tropiezo y la caída
que trastoque la existencia corriente

y encierre hasta el fin al alma afligida
entre los pasillos y corredores
de un vasto laberinto sin salida.

BETTER DAYS

Yo nací en un mundo que ya no existe,
un tiempo que aparece retratado
con paleta de color saturado
que a las escenas de las fotos viste.

Instantes que quedaron prisioneros
una mañana radiante de ayer
o un lejano y brillante atardecer,
testigos para tiempos venideros.

El recuerdo ocurre siempre en verano,
solo almacena días luminosos
que nos inundan con calor humano,

pero nos vamos volviendo brumosos
—para Neruda no somos los mismos—
en nuestras fotos de días gloriosos.

BOLA DE FUEGO

Comimos los racimos de utopía,
como el loco que se abraza a un sueño
que esponjoso va volando sin dueño,
imaginando un mundo en armonía.

Trazábamos los planos del futuro
con regla de esperanza y cartabón
en lienzo inmaculado de ilusión
sobre un porvenir que asomaba duro.

Tiempos de risas nocturnas y cantos
vagando en las calles de madrugada
gozando el fulgor de los veintitantos;

el tiempo de la danza acompasada
para conmemorar en comunión
las rojas bengalas de la alborada.

Luz del día

Al final la vida no era más que esto,
aferrarse a la tabla del presente
con la cabeza alta y la vista al frente
hasta hundirnos al final con lo puesto.

No hay más secreto ni más trascendencia
que la ilusión de la linterna mágica
convirtiendo en una epopeya trágica
instantes pasando en firme cadencia.

Vivir no era más que un suspiro aislado,
un rayo de sol en el alba fría
o la armonía de un verso acertado.

Arranca, por tanto, la celosía
que atranca con angustia tu ventana
y asómate a sentir la luz del día.

Azul hiriente

Callad el cántico de los poetas
y silenciad el rugido del mar,
destejed lo tejido en el telar
y preparad el arco y las saetas.

Nos urge erigir el tiempo futuro
sobre el bárbaro y brutal andamiaje
de un gran volcán que reviente el paisaje
enterrando en lava el pasado impuro.

Así pues, reflotad las negras naves
y partid raudos hacia el sol naciente,
seguid el ágil vuelo de las aves

y allá, a lo lejos, plantad la simiente
de una nueva era de fulgor y gloria
donde el cielo estalla de azul hiriente.

Sombras chinescas

En la caverna, bien encadenados,
las sombras que aletean incesantes
por obra de las llamas ondulantes
miramos con ojos desenfocados.

En la caverna, el mundo se reduce
a un desfile de siluetas sin vida
cuya ficción disfraza la herida
que el momento de nacer induce.

Pero es más sencillo vivir ajeno
a cada llamada del sufrimiento
y existir así despreocupado

que enfrentar la luz del dolor terreno,
erigirse ante su deslumbramiento,
y resultar abrasado y cegado.

CORAZONES DEL INVIERNO

Enterré mi corazón aún latiendo
bajo la celosía de las hojas,
asfalto otoñal de las tardes rojas
que marchan hacia el crepúsculo ardiendo.

Nunca supe si era yo o si eras tú,
si era a causa del cambio estacional,
de alguna rara conjunción astral
o si éramos víctimas del vudú,

pero lo cierto es que, aunque destinados
al nacer a la vida placentera
del continuo amar y del ser amados,

nos condenamos con saña certera
a la mera existencia en el dolor
atados al banco de la galera.

Reflejos en el cristal veneciano

Dirk Bogarde nunca más volvió al Lido
ni sintió el aliento de piedra y canal
de los dos leones del Arsenal:
no volvió sobre su paso perdido.

Sin embargo, mucho tiempo después
al cerrar los ojos en la penumbra
un sol radiante su mente deslumbra
e incendia sus venas hasta los pies.

Y cuando el ojo ardiente de San Marcos
le devuelve a la playa despejada
con las figuras distantes de los barcos,

Dirk Bogarde puede ver recortada
en el cielo veneciano estival
una silueta alta y estilizada.

AÑORANZAS

Añoro el viento cálido de antaño
cuyo beso eólico nos sanaba
cuando el temor más terreno ganaba
enarbolando promesas de daño.

Con la certeza de ser protegidos
por dioses de invisible panteón
cruzábamos sin puente ni pontón
el agua en calma de días vividos.

La noche quedaba fuera de casa
exiliada en los mundos improbables
del sueño donde la razón fracasa

y todas las garantías palpables
que nos daba la juventud radiante
borraban las ideas detestables.

LOS OTROS VERANOS

En los dorados veranos de antaño,
el transistor carraspeando solo
en las mañanas con sabor a polo,
los días pasaban sin hacer daño.

En los estíos claros del pasado,
de horas y horas detrás del manillar
viendo la prórroga crepuscular,
vivimos tempo de arroyo pausado.

Aquellos veranos ya de otra vida
se evaporaron consigo llevando
las respuestas a todas las cuestiones,

dejando una campanada perdida
en la tarde de agosto, repicando
tras la tormenta con lánguidos sones.

Los pasos del otoño madrileño

Abriéndome paso en los grises días.
El Retiro viste aura fantasmal
trastocado en jardincillo otoñal
por el aliento de las albas frías.

Más allá, en Independencia palpita
la villa ruidosa que despereza
y la puerta reta con su entereza
al tráfico hosco que en torno gravita.

Bajando después hacia Recoletos,
el porte señorial de las aceras
recupera los tonos más discretos

de aquel sepia de las fotos señeras
y se extravían en tiempos pasados
los peatones presos de quimeras.

ÍNDICE